I0017358

Revelando los **secretos**

de la Seguridad

Informática:

Protegiendo su mundo digital

Profesor Rodríguez

Título: Revelando los secretos de la seguridad informática: Protegiendo su mundo digital

Colección: De cero a noventa

© Luis Rodríguez Domenech, 2024

Todos los derechos reservados.

A mi madre, por su infinito amor y dedicación.

Índice

Prefacio

La era digital ha traído consigo innumerables beneficios y avances tecnológicos que han mejorado nuestras vidas de formas que ni siquiera imaginábamos hace algunos años. Sin embargo, también ha dado lugar a un creciente número de amenazas y vulnerabilidades en la seguridad informática.

En nuestro mundo actual, donde la información se encuentra a solo un clic de distancia, es vital proteger nuestra privacidad y asegurarnos de que nuestros datos personales y profesionales estén a salvo de los *ciberdelincuentes*. El simple hecho de usar internet y dispositivos electrónicos nos expone a riesgos que pueden poner en peligro no solo nuestra información, sino también nuestra identidad y nuestras finanzas.

Es por eso que decidí escribir este libro: **"Revelando los secretos de la seguridad informática: Protegiendo su mundo digital"**. Nuestro objetivo es brindarle a usted, como lector, los conocimientos y las herramientas necesarias para proteger su información y mantenerse seguro en el mundo digital.

Esperamos que disfrute de la lectura y que este libro le proporcione las herramientas necesarias para proteger su mundo digital. Juntos, podemos enfrentar los desafíos de *seguridad informática* y mantenemos un paso adelante de los ciberdelincuentes.

Este libro es el primero de la colección *"De cero a noventa"*. Una colección que nace con el objetivo de instruir a nuestros lectores en diversos temas de informática de una manera fácil y rápida, empleado un lenguaje simple y resumiendo al máximo el contenido tan amplio que existe sobre estas temáticas.

¿Porqué de *De cero a noventa*? Porque nuestro objetivo es brindarle de cada temática de la que traten nuestros libros la máxima cantidad de información posible en el menor tiempo posible y llevarlo a usted de cero al noventa por ciento del conocimiento de un tema, el otro diez por ciento lo pone usted querido lector con su interés de aprender en este apasionado e interesante mundo de la informática.

¡Bienvenido a *Revelando los secretos de la seguridad informática: Protegiendo su mundo digital*!

Introducción

En la era digital actual, es más importante que nunca proteger su identidad y sus datos en línea. Con el aumento del delito cibernético, es fundamental que tomemos medidas para proteger nuestra información personal y profesional. Ya sea propietario de una empresa o un individuo, es importante comprender los conceptos básicos de la seguridad informática. En este libro revelaremos los secretos de la seguridad informática, exploraremos las principales amenazas en línea y las técnicas utilizadas por los ciberdelincuentes para acceder a los sistemas y datos de las personas y le brindaremos consejos prácticos sobre cómo proteger su mundo digital. Exploraremos los diferentes tipos de amenazas cibernéticas, discutiremos la importancia de la administración de contraseñas, resaltaremos los beneficios de usar una _VPN_ y ofreceremos orientación sobre cómo detectar estafas de _phishing_. Analizaremos el tema de la privacidad en línea y las implicaciones de compartir información personal en redes sociales y otros sitios web. Le enseñaremos cómo navegar de forma segura por internet y cómo proteger sus dispositivos electrónicos de _ataques maliciosos_. Al final de este libro, tendrá el conocimiento y las herramientas necesarias para proteger su presencia en línea de posibles amenazas.

Es importante destacar que la seguridad informática no es una cuestión exclusiva de expertos en tecnología. Todos debemos ser conscientes de los riesgos y tomar medidas para evitar convertirnos en víctimas de los ciberdelincuentes. Creemos firmemente que todos podemos aprender a proteger nuestro mundo digital y, para eso, este libro se ha escrito teniendo en cuenta a todo tipo de lectores, desde principiantes hasta usuarios avanzados.

No hay motivo para entrar en pánico o sentir temor ante las amenazas existentes en línea. En cambio, invitamos a nuestros lectores a tomar el control y convertirse en expertos en seguridad informática. A través de los conceptos básicos y las estrategias que presentaremos en este libro, podrán tomar decisiones más informadas y establecer prácticas seguras para proteger su información y su privacidad

1 La importancia de la seguridad informática en la era digital

En el mundo actual de la tecnología, la *seguridad informática* se ha vuelto más importante que nunca. A medida que la tecnología continúa avanzando a un ritmo sin precedentes, también lo hacen las *amenazas* y *riesgos* que la acompañan. Desde *piratas informáticos* y **ciberdelincuentes** hasta *filtraciones de datos* y *robo de identidad*, el mundo digital es un campo minado de peligros potenciales.

La seguridad informática se refiere a las medidas y prácticas implementadas para proteger la información sensible y garantizar la *integridad, confidencialidad y disponibilidad* de los datos. Abarca una amplia gama de áreas, incluida la **seguridad de la red**, la **protección de datos**, el *cifrado*, el *control de acceso* y la respuesta a incidentes.

9

No se puede subestimar la importancia de la seguridad informática. Una única violación de la seguridad puede provocar importantes *pérdidas financieras, daños a la reputación* y *consecuencias legales*. Con la creciente dependencia de las plataformas digitales para la comunicación, las transacciones y el almacenamiento de datos personales y comerciales, lo que está en juego es mayor que nunca.

La protección de su mundo digital comienza con comprender los riesgos y tomar medidas proactivas para mitigarlos. Esto incluye implementar contraseñas seguras, actualizar periódicamente el software y los sistemas, utilizar una sólida *protección antivirus* y *firewall*, y educarse a usted y a su equipo sobre prácticas seguras en línea. También implica mantenerse informado sobre las últimas amenazas a la seguridad y adoptar un enfoque proactivo para abordarlas.

Invertir en medidas de seguridad informática no sólo es una decisión acertada sino también necesaria en el mundo interconectado actual. Al priorizar la protección de sus *activos digitales*, puede salvaguardar su información personal, sus datos comerciales y la confianza de sus clientes. Recuerde, *el costo de prevenir una violación de la seguridad es mucho menor que el costo de abordar sus consecuencias*.

2 Comprender las amenazas a su mundo digital

En el mundo interconectado de hoy, comprender las amenazas a su mundo digital es vital. A medida que la tecnología avanza, también lo hacen las tácticas utilizadas por los ciberdelincuentes. Es fundamental mantenerse informado y tomar acciones preventivas para proteger sus valiosos activos digitales.

Una de las amenazas más comunes es el *malware*, un software malicioso diseñado para infiltrarse y dañar sus sistemas informáticos. Esto puede presentarse en varias formas, incluidos *virus*, *gusanos*, *ransomware* y *software espía*. El malware se puede propagar a través de archivos adjuntos de correo electrónico infectados, sitios web maliciosos o incluso descargas desprevenidas. Puede causar estragos en sus datos, comprometer su privacidad e interrumpir sus operaciones.

Otra amenaza importante es el _phishing_, en el que los ciberdelincuentes intentan engañar a las personas para que proporcionen información confidencial, como contraseñas o datos de tarjetas de crédito. A menudo se hacen pasar por entidades confiables y utilizan correos electrónicos, sitios web o llamadas telefónicas convincentes para engañar a víctimas desprevenidas. Caer en una estafa de phishing puede provocar **robo de identidad**, **pérdidas financieras** o **acceso no autorizado** a sus cuentas.

Los piratas informáticos también son una amenaza persistente. Estas personas capacitadas atacan las vulnerabilidades de su red o sistemas para obtener acceso no autorizado. Pueden aprovechar **contraseñas débiles**, **software obsoleto** o _vulnerabilidades de seguridad_ sin parches para violar sus defensas. Una vez dentro, los piratas informáticos pueden **robar información confidencial**, **interrumpir servicios** o incluso **tomar el control de sus sistemas**.

La _ingeniería social_ es otra táctica utilizada por los ciberdelincuentes para manipular a las personas para que revelen información confidencial. Esto puede implicar engañar a alguien para que divulgue contraseñas, conceda acceso a áreas seguras o descargue malware sin saberlo. Los ataques de ingeniería social a menudo se basan en la manipulación psicológica, explotando tendencias humanas como la confianza o la curiosidad.

Comprender estas amenazas es el primer paso para proteger su mundo digital. Al conocer las tácticas utilizadas por los ciberdelincuentes, podrá tomar medidas preventivas para salvaguardar sus datos y sistemas. La implementación de *medidas de seguridad* sólidas, como _firewalls_, *software antivirus* y *cifrado*, puede ayudar a fortalecer sus defensas. Actualizando periódicamente su software, utilizando potentes _contraseñas únicas_, y educarse a usted mismo y a sus empleados sobre las *mejores prácticas de ciberseguridad* son cruciales para mitigar estos riesgos.

Recuerde, el panorama digital evoluciona constantemente y *periódicamente surgen nuevas amenazas*. Manténgase informado, manténgase alerta e invierta en las medidas de seguridad adecuadas para salvaguardar su mundo digital. Al hacerlo, puede minimizar el riesgo de ser víctima de amenazas cibernéticas y proteger sus valiosos activos.

3 Vulnerabilidades comunes en entornos en línea

En el momento actual de la revolución digital, donde la información y los datos se comparten y almacenan en línea constantemente, es crucial estar consciente de las vulnerabilidades comunes que existen en los entornos en línea. Al comprender estas vulnerabilidades, podrá tomar medidas proactivas para proteger su mundo digital.

Una de las vulnerabilidades más comunes son las *contraseñas débiles*. Muchas personas tienden a utilizar contraseñas simples y fáciles de adivinar, como fechas de nacimiento, nombres de mascotas o incluso "123456". Los piratas informáticos pueden descifrar fácilmente estas contraseñas, dejando expuestas sus cuentas e información confidencial. Es importante crear contraseñas seguras y únicas que incluyan una combinación de letras mayúsculas y minúsculas, números y símbolos.

Otra vulnerabilidad común es el software obsoleto. Los desarrolladores de software publican periódicamente *actualizaciones y parches* para corregir fallos y vulnerabilidades de seguridad. No actualizar su software deja sus dispositivos y sistemas susceptibles a ataques. Asegúrese siempre de instalar las últimas actualizaciones para su sistema operativo, navegadores web y cualquier otro software o aplicación que utilice.

Los ataques de phishing también son una vulnerabilidad frecuente en entornos en línea. Estos ataques involucran a ciberdelincuentes que intentan engañar a las personas para que revelen su información personal, como contraseñas o detalles de tarjetas de crédito, haciéndose pasar por entidades confiables a través de correos electrónicos, mensajes o sitios web falsos. Es esencial ser cauteloso y escéptico ante cualquier correo electrónico o mensaje no solicitado que solicite información personal. Vuelva a verificar la dirección de correo electrónico del remitente y verifique la legitimidad de cualquier sitio web antes de ingresar datos confidenciales.

Además, las redes Wi-Fi inseguras plantean una vulnerabilidad importante. Al conectarse a redes Wi-Fi públicas, como las de cafeterías o aeropuertos, los piratas informáticos pueden interceptar sus datos. Evite acceder a información confidencial o realizar transacciones financieras mientras esté conectado a una red Wi-Fi pública. En su lugar, utilice una red privada virtual (VPN) para cifrar su conexión a Internet y garantizar que sus datos permanezcan seguros.

Por último, las *prácticas inadecuadas de copia de seguridad* de datos pueden dejarlo vulnerable a la pérdida de datos y a ataques de ransomware. Hacer _copias de seguridad_ **periódicas** de sus archivos y datos importantes en un **disco duro externo**, **almacenamiento en la nube** u otras ubicaciones seguras puede evitar las devastadoras consecuencias de la pérdida de datos.

Al ser consciente de estas vulnerabilidades comunes, podrá tomar un plan de acción proactivo para proteger su mundo digital. Implementar contraseñas seguras, mantener su software actualizado, estar atento a los intentos de phishing, proteger sus conexiones Wi-Fi y realizar copias de seguridad periódicas de sus datos son pasos esenciales para proteger sus entornos en línea.

4 Fortalecer sus contraseñas y medidas de autenticación

En el mundo actual de la comunicación digital, donde nuestra información personal y sensible se almacena y se accede a ella en línea, es absolutamente crucial fortalecer nuestras contraseñas y medidas de autenticación para proteger nuestro mundo digital. Los piratas informáticos y los ciberdelincuentes evolucionan constantemente y encuentran nuevas formas de violar los sistemas de seguridad y obtener acceso no autorizado a nuestras cuentas.

Una de las formas más simples pero efectivas de mejorar la seguridad de las contraseñas es crear contraseñas seguras y únicas para cada una de nuestras cuentas en línea. Atrás quedaron los días en que se usaban contraseñas predecibles como "123456" o "contraseña". En su lugar, *opte por combinaciones complejas de letras mayúsculas y minúsculas, números y caracteres especiales*. Cuanto más larga y compleja sea tu contraseña, más difícil será descifrarla para los piratas informáticos.

Además, es fundamental evitar utilizar la misma contraseña en varias cuentas. Esto se debe a que si una cuenta se ve comprometida, todas las demás cuentas también se vuelven vulnerables. Usar un *administrador de contraseñas* puede ser increíblemente útil para generar y almacenar de forma segura contraseñas únicas para cada cuenta, eliminando la necesidad de recordarlas todas.

Además de contraseñas seguras, la implementación de la *autenticación multifactor* (MFA) agrega una capa adicional de seguridad. MFA requiere que los usuarios proporcionen dos o más formas de identificación para acceder a una cuenta, como una contraseña y un código de verificación único enviado a su teléfono inteligente. Esto reduce significativamente el riesgo de acceso no autorizado, incluso si una contraseña está comprometida.

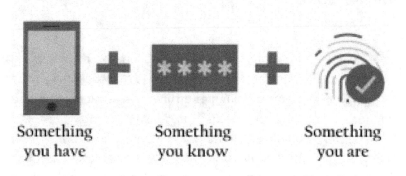

Actualizar periódicamente las contraseñas y revisar las medidas de autenticación es igualmente importante. Configure recordatorios para cambiar contraseñas periódicamente, especialmente para cuentas críticas como correo electrónico y banca. *Manténgase informado* sobre las últimas prácticas y tecnologías de seguridad, así como las ciberamenazas evolucionan constantemente.

Al fortalecer sus contraseñas y medidas de autenticación, fortalece los muros que protegen su mundo digital. Recuerde, tomar algunas medidas adicionales para mejorar la seguridad hoy puede salvarlo de posibles desastres cibernéticos en el futuro.

5 El papel del cifrado en la protección de sus datos

En el mundo interconectado actual, donde los datos digitales se transmiten y almacenan constantemente, la importancia del cifrado en la protección sus datos no pueden ser exagerados. El *cifrado* actúa como protección, transformando sus datos en un formato ilegible que solo puede descifrarse con la clave de cifrado correcta.

Uno de los principales beneficios del cifrado es su capacidad para garantizar la confidencialidad. Al cifrar su información confidencial, como datos personales, transacciones financieras o propiedad intelectual, puede evitar que personas no autorizadas accedan a los datos y los comprendan. Incluso si una parte malintencionada logra interceptar los datos cifrados, sin la clave de cifrado, sería prácticamente imposible para ellos encontrarle sentido.

Además, el cifrado juega un papel crucial en el mantenimiento de la integridad de los datos. Con el cifrado implementado, cualquier alteración o manipulación de los datos durante la transmisión o el almacenamiento los hará inútiles, ya que los *algoritmos de cifrado* detectarán los cambios y el proceso de descifrado fallará. Esto proporciona una capa adicional de protección contra modificaciones no autorizadas o acceso no autorizado a sus datos.

Además, *el cifrado es fundamental para garantizar la autenticidad de los datos*. Mediante el uso de firmas digitales, el cifrado permite verificar el origen y la integridad de los datos. Las *firmas digitales* utilizan algoritmos criptográficos para crear un identificador único de los datos, que puede ser verificado con el correspondiente *certificado digital*. Esto garantiza que los datos no hayan sido manipulados y provengan de una fuente confiable.

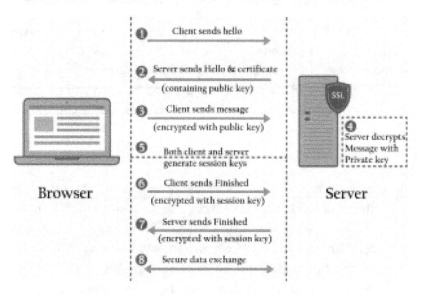

La implementación de tecnologías de cifrado, como *Secure Socket Layer* (SSL) o *Transport Layer Security* (TLS), es esencial para proteger datos confidenciales durante su transmisión a través de redes, como Internet. Estos protocolos cifran los datos y establecen conexiones cifradas entre el cliente y el servidor, evitando el acceso no autorizado y las escuchas ilegales.

En conclusión, *el cifrado es un componente vital de la seguridad informática*, ya que actúa como una barrera sólida contra el acceso no autorizado, garantiza la integridad de los datos y verifica la autenticidad de los datos. Al implementar medidas de cifrado, las personas y las organizaciones pueden proteger su mundo digital y salvaguardar su información confidencial de posibles amenazas y ataques cibernéticos.

6 Mejores prácticas para una navegación y comunicación seguras en línea

En la etapa actual de la transformación digital, donde casi todos los aspectos de nuestras vidas están entrelazados con Internet, es más crucial que nunca priorizar la seguridad de nuestras actividades en línea. Ya sea que esté navegando por la web o comunicándose con otras personas, seguir las mejores prácticas para una navegación y comunicación seguras en línea puede ayudarle a proteger su mundo digital.

En primer lugar, es fundamental mantener el software y los dispositivos actualizados con los últimos parches de seguridad. Los desarrolladores de software publican con frecuencia actualizaciones para abordar vulnerabilidades y mejorar la seguridad general. Al actualizar periódicamente su sistema operativo, navegadores web y aplicaciones, se asegura de tener la protección más sólida contra posibles amenazas.

Al navegar por Internet, tenga cuidado con los sitios web que visita. Cíñete a sitios confiables y de buena reputación, especialmente cuando compartas información confidencial o realices transacciones en línea. Busque el símbolo del candado en la barra de URL, lo que indica que el sitio web tiene un *certificado SSL válido*, cifrando sus datos y protegiéndolos de la interceptación.

Otra práctica importante es tener en cuenta los enlaces en los que hace clic. Los ataques de phishing siguen siendo una amenaza frecuente, en la que los ciberdelincuentes disfrazan _enlaces maliciosos_ como legítimos para engañar a los usuarios desprevenidos. Coloque siempre el cursor sobre un enlace antes de hacer clic en él para verificar su destino y tenga cuidado con los correos electrónicos no solicitados o los mensajes que solicitan información personal.

Utilizar contraseñas seguras y únicas para todas sus cuentas en línea es un aspecto fundamental de la navegación segura en línea. Evite el uso de contraseñas fáciles de adivinar y considere usar un administrador de contraseñas para generar y almacenar contraseñas complejas por usted. Además, habilitar la autenticación de dos factores siempre que sea posible agrega una capa adicional de seguridad al requerir un código de verificación además de su contraseña.

Cuando se trata de comunicación en línea, las aplicaciones de mensajería cifrada brindan un nivel adicional de privacidad y seguridad. Aplicaciones como **Signal** y **WhatsApp** utilizan _cifrado_ *de extremo a extremo*, lo que garantiza que solo el destinatario previsto pueda acceder a sus mensajes.

Por último, es fundamental informarse sobre las últimas amenazas cibernéticas y mantenerse informado sobre la evolución de las prácticas de seguridad. Actualice principalmente sus conocimientos sobre temas como estafas de phishing, ataques de malware y técnicas de ingeniería social. Si se mantiene informado, podrá protegerse mejor a sí mismo y a su mundo digital de posibles violaciones de seguridad.

Si sigue estas mejores prácticas para una navegación y comunicación seguras en línea, podrá fortalecer sus defensas contra las amenazas cibernéticas y disfrutar de una experiencia digital más segura y protegida. Recuerde, salvaguardar su mundo digital es un esfuerzo continuo que requiere diligencia y conciencia, pero la tranquilidad que aporta sin duda merece la pena.

7 Proteger sus dispositivos y redes

Proteger sus dispositivos y redes es esencial en el mundo digital actual. Con el aumento de las amenazas cibernéticas, es fundamental tomar acciones anticipadas para proteger su información confidencial y sus datos personales.

En primer lugar, asegúrese de que todos sus dispositivos, incluidos teléfonos inteligentes, tabletas, computadoras portátiles y de escritorio, estén equipados con un software antivirus actualizado. Este software actúa como un escudo contra software malicioso, como virus, malware y spyware, que pueden comprometer sus dispositivos y robar sus datos.

Además, actualice periódicamente su sistema operativo y sus aplicaciones. Las actualizaciones de software suelen incluir parches de seguridad que abordan las vulnerabilidades descubiertas por los desarrolladores. Al mantener sus dispositivos actualizados, minimiza el riesgo de ser víctima de ataques cibernéticos.

Proteger la red de su hogar u oficina es igualmente importante. Cambie las contraseñas predeterminadas de sus enrutadores y redes Wi-Fi por contraseñas seguras y únicas que sean difíciles de adivinar. Habilite el cifrado en su red Wi-Fi para garantizar que los datos transmitidos entre los dispositivos y la red estén cifrados, lo que dificulta que los piratas informáticos los intercepten y descifren.

Considere implementar un firewall para monitorear y controlar el tráfico de red entrante y saliente, proporcionando una capa adicional de protección. Los firewalls ayudan a detectar y bloquear intentos de acceso no autorizados, previniendo posibles ataques.

Otro paso crucial es *realizar copias de seguridad periódicas* de sus datos. Ya sea a través del almacenamiento en la nube o discos duros externos, la creación de copias de seguridad de sus archivos importantes garantiza que, incluso si sus dispositivos se ven comprometidos, pueda restaurar sus datos y minimizar el impacto de un posible ciberataque.

También es esencial informarse sobre las amenazas cibernéticas más comunes, como las estafas de phishing y la ingeniería social. Tenga cuidado al hacer clic en enlaces o descargar archivos adjuntos de fuentes desconocidas, y tenga cuidado con los correos electrónicos o mensajes no solicitados que soliciten información personal.

Recuerde, proteger sus dispositivos y redes es un proceso continuo. Manténgase alerta, mantenga su software actualizado y siga las mejores prácticas para proteger su mundo digital de posibles amenazas.

8 La importancia de las actualizaciones y parches de software

En el mundo digital actual, donde las amenazas cibernéticas evolucionan constantemente y se vuelven más sofisticadas, la importancia de las *actualizaciones y parches* de software no se pueden enfatizar lo suficiente. Estas actualizaciones y parches desempeñan un papel crucial a la hora de proteger su mundo digital de diversas vulnerabilidades y violaciones de seguridad.

Los desarrolladores de software trabajan constantemente para identificar y corregir cualquier falla o debilidad en su software. Los piratas informáticos pueden aprovechar estas vulnerabilidades para obtener acceso no autorizado a sus dispositivos o datos confidenciales. Al instalar periódicamente actualizaciones y parches de software, se asegura de contar con las últimas mejoras de seguridad y correcciones de errores, cerrando de manera efectiva cualquier posible laguna en su sistema.

Una de las principales razones por las que las actualizaciones de software son tan importantes es porque a menudo abordan vulnerabilidades de seguridad conocidas. A medida que surgen nuevas amenazas, los desarrolladores lanzan actualizaciones para corregir estas vulnerabilidades y proteger sus dispositivos y datos. Sin estas actualizaciones, básicamente estás dejando tu mundo digital expuesto a posibles ataques.

Además, las actualizaciones de software no sólo mejoran la seguridad sino que también mejoran el rendimiento general y la funcionalidad de su software. Pueden introducir nuevas funciones, corregir errores y optimizar el rendimiento del software, brindándole una experiencia de usuario más fluida y eficiente.

Vale la pena señalar que las actualizaciones de software no se limitan únicamente a los *sistemas operativos*; también se aplican a aplicaciones y otro software instalado en sus dispositivos. No actualizar estas aplicaciones puede dejarlas vulnerables a ataques, ya que los piratas informáticos suelen atacar vulnerabilidades conocidas en software popular.

En conclusión, actualizar periódicamente su software y aplicar parches es una parte vital para mantener un entorno digital sólido y seguro. Al mantenerse actualizado con las últimas actualizaciones y parches, se asegura de que sus dispositivos, datos y mundo digital permanezcan protegidos contra amenazas emergentes, lo que le brinda tranquilidad en un mundo cada vez más conectado.

9 Educarse a usted mismo y a sus seres queridos sobre la seguridad en línea

En este mundo hiperconectado en el que vivimos, es crucial priorizar la seguridad en línea para usted y sus seres queridos. Dado que las amenazas cibernéticas se vuelven cada vez más sofisticadas, informarse sobre la seguridad en línea es la clave para salvaguardar su mundo digital.

Empiece por mantenerse informado sobre las últimas tendencias y técnicas utilizadas por los piratas informáticos. Siga fuentes acreditadas y blogs de seguridad que brinden información sobre amenazas emergentes y mejores prácticas de protección. Al comprender las tácticas empleadas por los ciberdelincuentes, podrá anticipar y prevenir mejor posibles ataques.

Además, eduque a sus seres queridos, incluidos familiares, amigos y colegas, sobre la importancia de la seguridad en línea. Crear conciencia sobre los riesgos cibernéticos comunes, como las estafas de phishing, el robo de identidad y el malware. Anímelos a practicar hábitos de navegación seguros, como *evitar sitios web sospechosos* y *no hacer clic en enlaces desconocidos ni descargar archivos de fuentes no confiables*.

Enséñeles la importancia de contraseñas seguras y únicas, enfatizando el uso de una combinación de letras mayúsculas y minúsculas, números y caracteres especiales. Enfatice la importancia de actualizar periódicamente su software y sistemas operativos para garantizar que tengan los últimos parches de seguridad.

También es fundamental inculcar el hábito del escepticismo al interactuar con contenidos en línea. Recuerde a sus seres queridos que lo piensen dos veces antes de compartir información personal o realizar transacciones en línea. Anímelos a verificar la autenticidad de los sitios web y la credibilidad de las fuentes que encuentran en línea.

Al informarse a usted mismo y a sus seres queridos sobre la seguridad en línea, creará una defensa sólida contra posibles amenazas cibernéticas. Juntos, podemos crear un mundo digital más seguro y proteger nuestra valiosa información para que no caiga en las manos equivocadas.

10 Crear una estrategia sólida de copia de seguridad y recuperación

Crear una estrategia sólida de *copia de seguridad* y recuperación es crucial para proteger su mundo digital. En la sociedad actual, acelerada e impulsada por la tecnología, dependemos en gran medida de la información y los datos digitales. Desde documentos importantes y registros financieros hasta recuerdos preciados capturados en fotografías, la pérdida de dichos datos puede ser devastadora.

Para garantizar la protección de su valiosa información, es esencial contar con un plan integral de respaldo y recuperación. Esto implica crear copias redundantes de sus datos y almacenarlas en *ubicaciones seguras separadas de su sistema principal*. Al hacerlo, mitiga el riesgo de pérdida permanente de datos en caso de falla del hardware, ataques cibernéticos o desastres naturales.

Hay varias soluciones de respaldo disponibles, que van desde discos duros externos y dispositivos de *almacenamiento conectado a la red* **(NAS)** hasta servicios basados en la nube. Cada opción tiene sus propias ventajas y consideraciones, por lo que es importante elegir la que mejor se adapte a tus necesidades y presupuesto.

Al diseñar su estrategia de respaldo, es fundamental *establecer un cronograma regular* para las copias de seguridad de los datos. Dependiendo de la frecuencia de los cambios de datos y la importancia de la información, puede optar por copias de seguridad diarias, semanales o incluso en tiempo real. Además, se recomienda realizar *restauraciones de prueba periódicas* para garantizar la integridad y accesibilidad de sus copias de seguridad.

Igualmente importante es el aspecto de recuperación de su estrategia. En el desafortunado caso de pérdida de datos o falla del sistema, un plan de recuperación bien definido le permitirá restaurar rápidamente su información y reanudar sus operaciones. Esto incluye *documentar los pasos* y procedimientos necesarios para recuperarse de diferentes escenarios, así como identificar los recursos necesarios y el personal responsable del proceso de recuperación.

Recuerde, una estrategia sólida de respaldo y recuperación no es una tarea única, sino un *compromiso continuo con la seguridad* y la continuidad de su mundo digital. Al tomar medidas proactivas para proteger sus datos, puede salvaguardar su valiosa información y minimizar el impacto potencial de eventos imprevistos.

11 El futuro de la seguridad informática y las amenazas emergentes

A medida que nuestro mundo se vuelve cada vez más digital, el futuro de la seguridad informática plantea posibilidades apasionantes y desafíos enormes. Con cada avance tecnológico, surgen nuevas amenazas que ponen a prueba los límites de nuestras defensas y nos empujan a adaptarnos e innovar.

Una de las tendencias más preocupantes en el futuro de la seguridad informática es el aumento de la *guerra cibernética*. A medida que las naciones se vuelven más dependientes de la *infraestructura digital*, la posibilidad de que los ciberataques alteren los *sistemas críticos* y causen un caos generalizado es una preocupación apremiante. Desde **ataques de ransomware** dirigidos a hospitales hasta intentos de piratería patrocinados por el estado en redes gubernamentales, lo que está en juego es mayor que nunca.

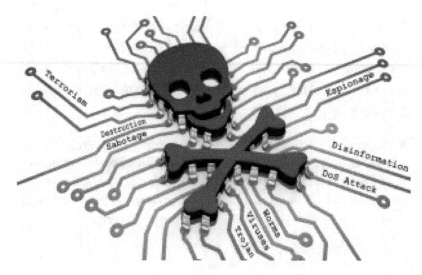

Otra amenaza emergente es la creciente sofisticación de la *inteligencia artificial* (IA) en los ciberataques. Los piratas informáticos están aprovechando los **algoritmos de IA** para automatizar y mejorar sus capacidades de ataque, lo que hace cada vez más difícil que las medidas de seguridad tradicionales detecten y respondan en tiempo real. A medida que la IA sigue avanzando, debemos estar un paso adelante, aprovechando el poder de la IA con fines defensivos y desarrollando sistemas de seguridad sólidos basados en IA.

El *Internet de las cosas* (IoT) también presenta un conjunto único de desafíos para la seguridad informática. Con miles de millones de dispositivos interconectados, desde electrodomésticos inteligentes hasta sistemas de control industrial, la superficie de ataque de los ciberdelincuentes se expande exponencialmente. Las debilidades de los dispositivos y redes de IoT se pueden aprovechar para obtener *acceso no autorizado* o lanzar *ataques DDoS* a gran escala, lo que resalta la necesidad de medidas de seguridad estrictas y estándares para toda la industria.

Además de estas amenazas técnicas, el factor humano sigue siendo una vulnerabilidad importante. Los ataques de *ingeniería social*, como el phishing y el *Spearphishing*, siguen engañando a personas desprevenidas, comprometiendo sus datos personales y profesionales. Educar a los usuarios sobre los riesgos potenciales, implementar protocolos de autenticación sólidos y fomentar una cultura consciente de la ciberseguridad son cruciales para mitigar estas amenazas.

Si miramos hacia el futuro, queda claro que la seguridad informática será una batalla constante. Sin embargo, con estrategias preventivas, la colaboración entre expertos de la industria y la investigación y el desarrollo continuos, podemos esforzarnos por adelantarnos a las amenazas emergentes y proteger nuestro mundo digital. Al adoptar la innovación, adoptar prácticas de seguridad sólidas y fomentar una cultura de concienciación sobre la ciberseguridad, podemos navegar por el panorama cambiante de la seguridad informática y salvaguardar nuestro futuro digital.

12 Tomar el control de su mundo digital: medidas prácticas para mejorar la seguridad

En un mundo donde la tecnología se ha convertido en una parte integral de nuestra vida diaria, es crucial para tomar el control de nuestro mundo digital y priorizar la seguridad de nuestra información personal. Protegerse de las amenazas en línea y mantener un entorno digital seguro requiere procedimientos proactivos y una mayor conciencia de los riesgos potenciales.

Para mejorar su seguridad y salvaguardar sus activos digitales, aquí hay algunos pasos prácticos que puede seguir:

1. Fortalezca sus contraseñas: cree contraseñas únicas y complejas para todas sus cuentas en línea. Evite el uso de información fácil de adivinar y considere usar un administrador de contraseñas para almacenar sus contraseñas de forma segura.

2. Habilite la autenticación de dos factores (2FA): la autenticación de dos factores agrega una capa adicional de seguridad al requerir un paso de verificación adicional, como un código único enviado a su dispositivo móvil, al iniciar sesión en sus cuentas.

3. Mantenga el software y los dispositivos actualizados: actualice periódicamente su sistema operativo, aplicaciones y software antivirus. Estas actualizaciones a menudo incluyen parches de seguridad que abordan vulnerabilidades y protegen contra amenazas emergentes.

4. Tenga cuidado con los intentos de phishing: esté atento al abrir correos electrónicos, hacer clic en enlaces o descargar archivos adjuntos de fuentes desconocidas. Esté atento a las señales de intentos de phishing, como direcciones de correo electrónico sospechosas, errores gramaticales y solicitudes de información personal.

5. Asegure su red doméstica: cambie el nombre de usuario y la contraseña predeterminados de su enrutador Wi-Fi, habilite el cifrado (WPA2 o WPA3) y verifique periódicamente si hay dispositivos no autorizados conectados a su red.

6. Haga una copia de seguridad de sus datos: haga una copia de seguridad periódica de sus archivos y documentos importantes en un dispositivo de almacenamiento externo o en un servicio basado en la nube. En caso de pérdida de datos o violación de seguridad, tener copias de seguridad garantiza que pueda recuperar su información.

7. Practique hábitos de navegación seguros: utilice sitios web seguros y cifrados (busque *"https"* en la URL), evite hacer clic en anuncios o ventanas emergentes sospechosos y utilice un antivirus o una extensión de navegador de buena reputación que pueda detectar y bloquear sitios web maliciosos.

8. Infórmese a sí mismo y a su familia: manténgase informado sobre las últimas amenazas a la seguridad e infórmese a usted y a los miembros de su familia sobre las mejores prácticas para la seguridad en línea. Enseñe a los niños sobre la importancia de proteger la información personal y los riesgos potenciales de compartir demasiado en línea.

Al implementar estos pasos prácticos, puede tomar el control de su mundo digital y mejorar significativamente su seguridad. Recuerde, la seguridad digital es un proceso continuo, así que manténgase alerta y adáptese a las nuevas amenazas a medida que surjan. Proteger sus activos digitales y su información personal es esencial en el mundo interconectado de hoy.

Conclusiones

La seguridad informática es una preocupación cada vez más importante en nuestra vida digital y es fundamental tomar medidas para proteger nuestra información personal y nuestros dispositivos, la educación y la conciencia son clave para protegerse en el mundo digital. Es esencial comprender los riesgos y seguir las mejores prácticas de seguridad. No es solo responsabilidad de los usuarios individuales, sino también de las empresas y organizaciones que deben implementar medidas de seguridad adecuadas para proteger la información confidencial de sus clientes.

Por otra parte la seguridad informática es un campo en constante evolución, con nuevas amenazas y vulnerabilidades emergiendo continuamente. Es crucial mantenerse actualizado sobre las últimas tendencias y tecnologías en seguridad informática y adaptar continuamente las medidas de protección en consecuencia. En última instancia, *la seguridad informática es un equilibrio entre comodidad y seguridad*. Es importante encontrar el equilibrio adecuado para proteger nuestra información sin sacrificar la facilidad de uso y la conveniencia en nuestra vida digital.

Esperamos que haya encontrado nuestro libro sobre seguridad informática útil e informativo. En la era digital actual, es más importante que nunca proteger nuestro mundo digital de diversas amenazas. Si sigue los secretos que revelamos en este libro, podrá tomar medidas proactivas para salvaguardar su información personal y confidencial. Recuerde, la seguridad de su mundo digital está en sus manos, *así que manténgase alerta*, implemente prácticas de seguridad sólidas y manténgase al tanto de las últimas tendencias y tecnologías de seguridad. Juntos podemos crear un entorno digital más seguro para todos. *¡Manténgase seguro, manténgase protegido!*

Glosario

Seguridad informática: se refiere a la protección de la información digital y los sistemas informáticos contra amenazas, ataques y accesos no autorizados. Incluye la implementación de medidas y mecanismos para prevenir, detectar y responder a los incidentes de seguridad que puedan comprometer la integridad, confidencialidad y disponibilidad de los datos y recursos de una organización. La seguridad informática abarca varias dimensiones y aspectos, como el diseño de redes y sistemas seguros, la utilización de medidas técnicas como firewalls, antivirus y cifrado de datos, la implementación de políticas y procedimientos de seguridad, la concientización y capacitación de los usuarios en buenas prácticas de seguridad y la respuesta y recuperación ante incidentes de seguridad. El objetivo principal de la seguridad informática es garantizar la confianza y protección de la información y los sistemas informáticos, evitando el robo, la manipulación o la divulgación no autorizada de datos, así como los daños o interrupciones en los servicios y operaciones de una organización.

Amenazas: se refiere a cualquier tipo de acción o evento que ponga en riesgo la seguridad de los sistemas informáticos, como ataques cibernéticos, intrusiones, robos de información, entre otros.

Riesgos: son situaciones que pueden causar daño a la seguridad informática, como errores humanos, fallas en los sistemas, desastres naturales, entre otros.

Integridad, confidencialidad y disponibilidad: son los tres pilares fundamentales de la seguridad informática. La integridad se refiere a la garantía de que los datos no han sido modificados de manera no autorizada; la confidencialidad se refiere a mantener los datos protegidos y accesibles solo para las personas autorizadas; y la disponibilidad se refiere a que los sistemas estén accesibles y funcionales cuando se necesiten.

Cifrado: es un proceso que se utiliza para convertir datos legibles en datos ilegibles, con el objetivo de proteger la información confidencial durante su transmisión o almacenamiento.

Control de acceso: se refiere a las medidas implementadas para limitar y controlar quien puede acceder a los sistemas y recursos informáticos.

Malware: es un término general que se utiliza para referirse a cualquier tipo de software malicioso, como virus, gusanos, troyanos, spyware, entre otros.

Virus: es un tipo de malware que se propaga de forma autónoma y puede causar daño al sistema infectado.

Gusanos: son programas informáticos que se propagan a través de la red, principalmente explotando vulnerabilidades en los sistemas para infectar otros equipos.

Ransomware: es un tipo de malware que secuestra los archivos o el sistema de un usuario y exige un rescate a cambio de su liberación.

Phishing: es una técnica de ingeniería social que se utiliza para engañar a los usuarios y obtener información confidencial, como contraseñas, a través de la suplantación de identidad.

Vulnerabilidades de seguridad: son fallos o debilidades en los sistemas informáticos que pueden ser explotados por los atacantes para comprometer la seguridad.

Ingeniería social: es una técnica utilizada para manipular a las personas y obtener información confidencial o acceso no autorizado a sistemas o redes.

Firewall: es una barrera de seguridad que se utiliza para filtrar y controlar el tráfico de red, permitiendo o negando el acceso según las reglas predefinidas.

Copia de seguridad: es una medida de seguridad que consiste en realizar una copia de los datos y archivos importantes para poder recuperarlos en caso de pérdida o daño.

Autenticación multifactor: es un método de seguridad que requiere dos o más formas de verificación de la identidad del usuario, como una contraseña y un código de verificación enviado al teléfono.

Firma digital: es un mecanismo criptográfico utilizado para garantizar la integridad y autenticidad de un documento o mensaje.

Certificado digital: es un documento electrónico que certifica la autenticidad de la identidad de una persona, empresa o entidad, utilizado en el ámbito de la seguridad informática, especialmente en el cifrado y autenticación de conexiones seguras.

Secure socket layer: SSL es un protocolo de seguridad utilizado para establecer una conexión segura entre un cliente y un servidor a través de internet.

Transport layer security: TLS es el sucesor del protocolo SSL y se utiliza para garantizar la seguridad en las comunicaciones a través de internet.

Cifrado de extremo a extremo: es una técnica de cifrado que protege los datos desde el punto de origen hasta el punto de destino, de manera que solo el emisor y el receptor pueden acceder a ellos.

Actualizaciones y parches: son actualizaciones de software que se lanzan regularmente para corregir vulnerabilidades y mejorar la seguridad de los sistemas operativos y programas.

Sistema operativo: es el software principal que permite la gestión y el control de los recursos de la computadora y la ejecución de otros programas.

Guerra cibernética: se refiere al uso de ataques cibernéticos como una forma de conflicto entre naciones o grupos.

Sistemas críticos: se refiere a los sistemas que son fundamentales para la seguridad y funcionamiento de una organización o país, como los sistemas de energía, transporte, comunicaciones, entre otros.

Inteligencia artificial: es un campo de la informática que se enfoca en desarrollar sistemas y programas capaces de realizar tareas que requieren de inteligencia humana, como el aprendizaje, la toma de decisiones y el reconocimiento de patrones.

Internet de las cosas: se refiere a la conexión y comunicación entre objetos físicos a través de internet. Estos objetos, que pueden ser electrodomésticos, vehículos, dispositivos electrónicos, sensores, entre otros, están equipados con tecnología y capacidad de recolectar y transmitir datos. El IoT permite que estos objetos se conecten y compartan información entre sí, creando una red inteligente en la que los datos recolectados pueden ser utilizados para tomar decisiones y mejorar la eficiencia y funcionalidad de los sistemas.

Ataques ddos: son ataques de denegación de servicio distribuido, donde múltiples dispositivos se utilizan para inundar un sistema o red con un gran volumen de solicitudes, sobrecargándolo y dejándolo inaccesible para los usuarios legítimos.

Ciberdelincuente: es una persona que comete delitos informáticos o cibernéticos haciendo uso de la tecnología y los recursos disponibles en el entorno digital. Estos delincuentes emplean sus habilidades técnicas para acceder, manipular, dañar o robar información en sistemas informáticos y redes, o bien, para cometer actividades ilegales en línea como el fraude, el robo de identidad, el espionaje cibernético, el acoso, el phishing, la distribución de malware, entre otros. Su objetivo principal es obtener beneficios económicos, obtener información confidencial o causar daño o perjuicio a otros.

VPN: (Virtual Private Network) es una tecnología que permite crear una conexión segura y encriptada entre un dispositivo y una red privada a través de internet. El propósito principal de una VPN es proporcionar privacidad y seguridad a los usuarios al transferir sus datos a través de un túnel virtual. Esto se logra al encriptar la información transmitida y al ocultar la dirección IP real del dispositivo, reemplazándola por la dirección IP del servidor VPN al que está conectado.

Spearphishing: es una táctica de ingeniería social utilizada por ciberdelincuentes para engañar a personas específicas y obtener información confidencial como contraseñas, datos bancarios u otra información personal. A diferencia del phishing convencional, el spearphishing es más sofisticado y dirigido, ya que los atacantes investigan objetivos específicos para personalizar los mensajes de correo electrónico, mensajes de texto o mensajes en redes sociales y hacerlos parecer legítimos y persuasivos. La intención es que la persona objetivo haga clic en enlaces maliciosos, descargue archivos adjuntos infectados o proporcione sus datos personales.esto puede llevar a que se comprometan sistemas de información o se realice un robo de información.

Ataques maliciosos: son acciones llevadas a cabo por individuos o grupos con la intención de dañar o comprometer un sistema o una red informática. Estos ataques pueden tener diversas motivaciones, como obtener información confidencial, interrumpir el funcionamiento normal de un sistema o causar daños financieros. Algunos ejemplos de ataques maliciosos son el phishing, el malware, el ransomware, el hacking, el spoofing, entre otros. Estos ataques pueden provocar la pérdida de datos importantes, el robo de información personal o financiera, la paralización de un sistema o red, o el acceso no autorizado a recursos protegidos.

Protección antivirus: es un término que se utiliza para describir una serie de medidas y herramientas diseñadas para proteger las computadoras y otros dispositivos electrónicos de posibles amenazas de malware y virus informáticos. Estas medidas pueden incluir programas antivirus, firewalls, software antispyware y otras soluciones de seguridad que ayudan a prevenir, detectar y eliminar virus y otros tipos de amenazas en tiempo real. El objetivo principal de la protección antivirus es mantener la integridad y seguridad de los sistemas informáticos, protegiendo la información y evitando cualquier daño potencial que puedan causar las amenazas cibernéticas.

Activos digitales: son representaciones virtuales o digitales de un activo físico o intangible. Son archivos electrónicos que contienen información y pueden representar diferentes formas de valor, como moneda digital, derechos de propiedad intelectual, bienes virtuales o cualquier otro tipo de activo intangible. Los activos digitales pueden ser almacenados, transferidos y gestionados en plataformas digitales como blockchain, que es una tecnología que garantiza la seguridad, transparencia y descentralización de la información.

Contraseñas únicas: se refiere a la práctica de utilizar contraseñas diferentes para cada cuenta o servicio en línea que una persona tenga. En lugar de utilizar la misma contraseña para múltiples cuentas, las contraseñas únicas requieren que cada cuenta tenga su propia contraseña exclusiva. El objetivo de esta práctica es minimizar el riesgo de que un atacante obtenga acceso a múltiples cuentas si una contraseña es comprometida. Al utilizar contraseñas únicas, se limita el alcance de un posible ataque, ya que incluso si una cuenta es vulnerada, las demás permanecerán seguras debido a que utilizan contraseñas distintas. Es una medida importante para proteger la seguridad de las cuentas y los datos personales.

Administrador de contraseñas: permite a los usuarios generar contraseñas seguras y únicas para cada cuenta, almacenarlas de forma encriptada en una base de datos protegida con una contraseña maestra, autocompletar las credenciales de inicio de sesión en diferentes sitios web y aplicaciones.

Algoritmos de cifrado: son procedimientos matemáticos o lógicos utilizados para transformar datos o información en un formato ininteligible, llamado texto cifrado, con el fin de proteger su confidencialidad y prevenir su acceso no autorizado. Estos algoritmos aplican una serie de pasos o reglas específicas, utilizando claves o contraseñas, para transformar el texto plano original en un texto cifrado, que solo puede ser revertido a su forma original mediante un proceso de descifrado con la clave adecuada. Los algoritmos de cifrado tienen amplios usos en la protección de la seguridad de la información, como en la encriptación de contraseñas, la seguridad de las comunicaciones en línea, el acceso seguro a datos sensibles y la protección de archivos confidenciales. Su objetivo es mantener la privacidad y confidencialidad de la información protegida.

Enlaces maliciosos: son vínculos URL que apuntan a contenido dañino o que representan una amenaza para la seguridad informática. Estos enlaces suelen ser utilizados por ciberdelincuentes para engañar a los usuarios y llevarlos a sitios web fraudulentos, donde pueden ser víctimas de estafas, ataques de phishing, descargas de malware u otras actividades ilícitas. Los enlaces maliciosos suelen ser distribuidos a través de correos electrónicos de phishing, mensajes de texto, redes sociales, anuncios publicitarios contaminados o mensajes en foros y blogs.

A menudo, se presentan como enlaces legítimos y confiables, pero su destino real es perjudicar a los usuarios que acceden a ellos.

Piratas informáticos: son individuos o grupos de personas que utilizan habilidades técnicas avanzadas para obtener acceso no autorizado a sistemas informáticos y redes, con el objetivo de robar, modificar o destruir información confidencial, así como para interrumpir o dañar el funcionamiento normal de dichos sistemas y redes. A menudo, los piratas informáticos buscan obtener beneficios económicos, como el robo de información financiera o el chantaje a organizaciones o individuos, pero también pueden actuar por motivos políticos, ideológicos o simplemente por diversión. El acto de piratería informática es ilegal y puede conllevar graves consecuencias legales para los perpetradores.

Filtraciones de datos: se refieren a la divulgación no autorizada o accidental de información confidencial o sensible a personas o entidades no autorizadas. Esto puede ocurrir debido a brechas de seguridad, fallas en los sistemas informáticos, errores humanos o acciones maliciosas. Estas filtraciones pueden implicar la exposición de datos personales o financieros, secretos comerciales, información confidencial de empresas o gobiernos, contraseñas o cualquier otro tipo de información sensible. La divulgación no autorizada de estos datos puede tener consecuencias graves, como robo de identidad, fraudes financieros, daño a la reputación de una empresa o incluso amenazas a la seguridad nacional.

Robo de identidad: es un delito en el que una persona utiliza información personal de otra, sin su consentimiento, con el fin de cometer actividades fraudulentas o ilegales. Esto implica el acceso no autorizado a la información personal de alguien, como su nombre, número de seguro social, número de tarjeta de crédito, dirección, entre otros, para obtener beneficios económicos o cometer fraudes en su nombre. El robo de identidad puede manifestarse de diferentes maneras, como el uso fraudulento de tarjetas de crédito, la apertura de cuentas bancarias falsas, la presentación de declaraciones de impuestos falsas, la solicitud de préstamos o líneas de crédito a nombre de la víctima, entre otras formas de fraude. Además de causar daños financieros significativos, puede tener un impacto emocional y psicológico en la víctima, afectando su reputación e incluso dificultando la obtención de empleo o servicios financieros en el futuro.

Software espía: (también conocido como spyware) es un tipo de programa informático malicioso diseñado para infiltrarse en un dispositivo sin el conocimiento o consentimiento del usuario, con el propósito de recopilar información personal o confidencial. El software espía puede obtener acceso a una amplia gama de datos, como contraseñas, historial de navegación, correos electrónicos, mensajes instantáneos, registros de llamadas, archivos guardados e incluso puede activar la cámara/webcam y el micrófono del dispositivo para grabar actividades sin consentimiento. Este tipo de programa suele ser utilizado de manera ilegal o no ética para el robo de información, el espionaje, el fraude o la vigilancia sin consentimiento.

Almacenamiento conectado a la red: (NAS, por sus siglas en inglés, Network-Attached Storage) es una solución de almacenamiento que consiste en un dispositivo independiente conectado a una red de área local (LAN) que permite a los usuarios acceder y compartir archivos de manera centralizada a través de la red. Un NAS está equipado con uno o varios discos duros, y utiliza su propia interfaz de red para conectarse y comunicarse con otros dispositivos en la red, como computadoras, impresoras, cámaras de seguridad, entre otros. La principal ventaja de un NAS es su capacidad para proporcionar almacenamiento centralizado y compartido, permitiendo a múltiples usuarios acceder a los mismos archivos y datos desde diferentes dispositivos y ubicaciones. Esto es especialmente útil para entornos de trabajo colaborativo y en hogares con múltiples dispositivos.

Infraestructura digital: se refiere al conjunto de sistemas, redes y tecnologías que permiten la comunicación, procesamiento y almacenamiento de información digital. Se compone de hardware, software, redes de comunicación y servicios relacionados que se utilizan para facilitar la transferencia de datos y el acceso a la información. La infraestructura digital incluye elementos como servidores, equipos de redes, cableado, software de gestión de redes, sistemas de almacenamiento y centros de datos, entre otros. Estos componentes son fundamentales para el funcionamiento de las tecnologías de la información y la comunicación (TIC), ya que permiten la transmisión rápida y confiable de datos, así como el procesamiento y almacenamiento eficiente de la información. Además, la infraestructura digital también engloba los servicios y aplicaciones que se desarrollan sobre esta base tecnológica, como por ejemplo, sitios web, plataformas de comercio electrónico, servicios en la nube, aplicaciones móviles, entre otros. Estas aplicaciones y servicios se apoyan en la infraestructura digital para su funcionamiento y acceso.

Sobre el autor

El autor es un profesional de la esfera de la informática y las comunicaciones con más de 25 años de experiencia en su haber. Ha ejercido como técnico en telecomunicaciones, técnico de hardware, administrador de sistemas y como especialista de seguridad informática. Ha estado vinculado a empresas de diferentes ámbitos como el turismo, programación de software, seguridad informática, transporte marítimo y salud pública, entre otras. También ha impartido cursos y talleres de diversos temas entre los que destacan la admiración de redes y la seguridad en aplicaciones web. Promueve el uso del software libre tanto en aplicaciones como en sistemas operativos. Tiene experiencia en la administración de ambientes de redes heterogéneos con interoperabilidad entre sistemas operativos Windows, Linux, Unix, entre otros. Con una experiencia de más de 10 años de trabajo en la esfera de la seguridad informática y el hacking ético, ha realizado consultorías de seguridad de red y de aplicaciones web a empresas de los más diversos ámbitos, desde pequeñas empresas locales hasta grandes grupos empresariales.

Pone ahora a su disposición los conocimientos y experiencias adquiridos producto de la investigación, la docencia y el trabajo realizado durante tantos años de carrera profesional; con el deseo de aportar conocimientos útiles y ayudar a su superación profesional o simplemente brindarle al lector un conocimiento general sobre algunos de los temas más actuales del mundo informático.

Feedback

Estimado lector esperamos que este libro haya sido de utilidad y haya podido ganar en claridad y conocimientos sobre este interesante y apasionante tema que es la **Seguridad Informática**. Nuestra intención es que este libro este en constante evolución y también hacer otros que sean más específicos en muchos de los temas que aqui hemos tratado, de eso se trata la colección *"De cero a noventa"*. Nos serán de mucha utilidad sus sugerencias sobre las temáticas de su interés o cualquier otra inquietud que desee plantearnos. Para ello usted puede ponerse en contacto por estas vías:

 *easycomputing4everyone@gmail.com*

 *easycomputing4everyone*